Liverpool FC
Word Search For Kids

A Word Search Book For Liverpool Fans Everywhere

James Conrad

Introduction

A Liverpool word search book which covers the history of a very successful club. It involves teams from successful cup finals, managers, opposition and many more.

All you need to do is search through the letter grid for the words/names at the bottom of each grid. The words and be found forwards, backwards, up, down and diagonally.

The book is in large print for ease of reading.

Enjoy and good luck!!!!!!

MANAGERS 1892 - 1974

```
W E L S H A R V B S Z F E D A
O U N L W O Q A X H O T J U B
D N V V L X R Y W A W R B F Z
H T E Y S C V R B N W M V P I
A J A E L O C B V K B M S Q L
T T N A U H J U I L K N Y H P
B I Y J B Q B H V E V I A K A
A I Q D K N C F A Y G Y N K K
K S U B B R O M G G H J O G E
K U H H J M E H G J C D S D N
N A T W Y N N Q Q S M R T C T
E E Y Z O A N N E K C M A C O
P A T T E R S O N E X B W O S
Z T A A L T T E C P K G G C A
E O J S Q P H H G O L C C P Z
```

BARCLAY(1892-96)   ASHWORTH(19-23)   WELSH(51-56)

McKENNA(1892-96)   McQUEEN(23-28)   TAYLOR(56-59)

WATSON(96-1915)   KAY(36-51)   SHANKLEY(59-74)

PATTERSON(15-19,28-36)

MANAGERS 1974 – PRESENT

```
N B H D F M W C E L Q S C N P
N O U R W W L T T V O Z A Z Q
R R S V T T Q P T U A G E J Q
D A L G L I S H N C A N W F V
U I O P D C X E S F C A S Y J
X O H S Y O S O O D W T N W A
N Y W O R S H T P W R Z N K M
L Q W B U G D X L X S Z C Z F
M U R C H L H P A P R H X P K
M O R A N R L K U M E M C A V
Z E T I N E B I G P G K V I R
T M N S M Y D F E L D L V S K
S W X J O Q E I R R O O R L G
T R X B D H B W B U R P C E K
Q W R I C V W Z V S E P I Y I
```

PAISLEY(74-83)   SOUNESS(91-94)   HODGSON(10-11)

FAGAN(83-85)   EVANS(94-98)   RODGERS(12-15)

DALGLISH(85-91,11-12)   HOULLIER(98-04)   KLOPP(15-PRESENT)

MORAN(91-91)   BENITEZ(04-10)

MOST APPEARANCES

```
T F V L C I D S Z C Y B M W L
V D G T A A V R H A N S E N L
G R O B B E L A A R J C Q W E
B F I Z G F N L W R H X T H D
Y C M E E B D A A R N I E D
J N B G F F K G P G G E U L I
V W M G S F P Z C H H U G A L
Q V R M A Q E B R E T A H N C
H S I L G L A D S R N L N L Q
L T E O W F E E J F U A E N G
H A W J M R H E C V H M B Q X
X T W C B G D K M J E J M B J
G E D L U X V L Q N N K I I V
V N U H E I Q H C H S U R G D
Y J C N F R M E B Y L V J F K
```

CALLAGHAN (857)	RUSH (660)	LAWLER (549)
CARRAGHER (737)	NEAL (650)	LIDDELL (534)
GERRARD (710)	SMITH (638)	DALGLISH (515)
CLEMENCE (665)	GROBBELAAR (628)	WHELAN (493)
HUGHES (665)	HANSEN (620)	HUNT (492)

CLUB CAPTAINS 1892-1937

```
H A C F Z S L K D B H H H R Z
Q T D N S F C O L N F D C K J
B L R O H E Q E K G G A V W F
X R R O B C N L O W E Y F W F
R O A S W K Y E N T R A C C M
A E I D I G J D H G P L V V Z
J A R N S A N D Q O O N N A K
R I S O C H M O F D L I S A W
D O G K T U A Q L D N K R E Q
P F S X A S R W M A U C A C Q
T O H A N N A H I R D A E K J
N Q U G E T G S O D K M E J I
G M G N G C B O E K C Q N U Z
J O B R O M I L O W F D Q R M
Y U V H S Z Q W K Y D S C P J
```

HANNAH(1892-95)   RAISBECK(00-09)   BROMILOW(28-29)

ROSS(95-97)   GODDARD(09-12)   JACKSON(29-31)

McCARTNEY(97-98)   LONGWORTH(12-13,19-22)   BRADSHAW(31-34)

STORER(98-99)   LOWE(13-15)   BLENKINSOP(34-37)

DUNLOP(99-1900)   MACKINLAY(19-20)

CLUB CAPTAINS 1934 – 1979

```
E Q A N A F S X S T I V V K B
T A P I A T Q N E T A D L L U
I L F D A R T Y H M G Y H Y S
H E Y E X Z O C G I M U L G B
W S Y O V I G M U R G K F O Y
X C R K Q K F F H H V J E D R
E L L E D D I L E L T G Q Z S
T X V K L K G S K I B F Z I U
W M U C F E X R D F T W P X M
P I M V P M E W H N X E Y G V
G I F W X P R H W G T F C R N
Z O D B O X K A W B A L M E R
H X U O B U R X G S M I T H H
Y R C Q L Q X N A N G P W G A
U C J K M L H N S E N O J B N
```

COOPER(34-39)	JONES(53-54)	WHITE(60-61)
BUSBY(39-40)	L HUGHES(54-55)	YEATS(61-70)
FAGAN(45-47)	LIDDELL(55-58)	SMITH(70-73)
BALMER(47-49)	WHEELER(58-59)	E HUGHES(73-79)
TAYLOR(49-53)	MORAN(59-60)	

CLUB CAPTAINS 1978-PRESENT

```
K T H F R L O X J N G H Q M I
K L E S F I Z M A B S S N B U
E L N M P J I L J U B U E U P
I G D W R P E K D A H R B I X
O D E Q S E A A R A I P Y Y H
S F R G H J L N O S P M O H T
S W S W P G E T K H N P H E T
E R O N L S S U A D A M C K Z
N I N I V J F J G H E N B J E
U G S G E R R A R D I R S H D
O H H D F C I R B K Z V G E C
S T L N Y L L X N M I U S N N
K A S A P Z W O H U I A O A R
D D X I E K W H X W J L N V D
J M J Q X N Y R T U E Y M C R
```

DALGLISH(78-78)   WHEELAN(88-91)   REDKNAPP(99-2002)

THOMPSON(79-81)   WRIGHT(91-93)   HYYPIA(00-03)

SOUNESS(82-84)   RUSH(93-96)   GERRARD(03-15)

NEAL(85-88)   BARNES(96-97)   HENDERSON(15-NOW)

HANSEN(88-90)   INCE(97-99)

EUROPEAN CUP FINAL WINNERS 1977

```
Y K S E N O J B E W A H K P W
N Q E Y B I T C I T T U X K K
S A P N U H N G Y T G G V E U
E O H N N E G N P O P H S F V
F E C G M E O Z C M Y E H C D
W P I E A J D T M R E S O G Y
I Z L T P L J Y D E R U T Z G
Y C A Z J C L X C D N L K S H
C K E V Z G R A E C H E X Z D
S P N Y D I G C C M E T T P J
A H I H G G Y I W G I E I E T
O R E P N R W V A A N G S M Z
A O I P Z J A N L C N A M M S
H E I G H W A Y P G C S O L U
D V H H R B L W D K K B O H L
```

CALLAGHAN	HUGHES	MCDERMOTT
CASE	JONES	NEAL
CLEMENCE	KEEGAN	SMITH
HEIGHWAY	KENNEDY	

EUROPEAN CUP FINAL WINNERS 1978

```
U A A Q C W J F P W K G C H V
M I F A I R C L O U G H L M C
H S I L G L A D T O Z A E C Y
M Z Y Z N R W H Z O K S M R D
Z C B D S E O X E I M E E Z N
O M D U E M A E S S U G N M C
A S C E P N G L Q D D M C L A
W S Y S R D N I S C G S E S S
Z E O A G M U E V N A Y L S E
L N U S Q N O V K H U G H E S
N U Z T E Z V T W U B K G Q Q
I O O S O I B I T R D L W N Q
Z S N H F X O W N W E O I H Y
P A I E Q Q C I B B D N Y K K
H D B D Z F P S D J N V I K R
```

CASE	HANSEN	NEAL
CLEMENCE	HUGHES	SOUNESS
DALGLISH	KENNEDY	THOMPSON
FAIRCLOUGH	MCDERMOTT	

EUROPEAN CUP WINNERS 1981

```
B T F D O Z H C J L F X R M N
R M J J H B O S L E C C P F O
O A J K V W D N I E M G Y I S
Q G T R K V R D P L M W E B N
Q F T X Z D Q O X A G E A J H
Y D E N N E K R T K N L B O
U I Y F B S N H M E L E A C J
M C D E R M O T T N A L A D E
K U U Y M S Z N N G T Y L K
P X D B P S A U H E O Z Q A Y
H A N S E N J F G D N V D M Z
I I O N J H S O T Y B X Q R E
F N U J X M P F J D T X H Q U
K O D N W A D I J A V L W G Z
S N D D U E G S E Q J K M W F
```

A KENNEDY	JOHNSON	R KENNEDY
CLEMENCE	LEE	SOUNESS
DALGLISH	MCDERMOTT	THOMPSON
HANSEN	NEAL	

EUROPEAN CUP WINNERS 1984

```
N J A F S K K Y A M U R M N Q
O P O I F P P Z D T S C N R I
S H G H O T Z N Y E D L A E N
P M L H N H J Y D E N A I E E
M Z W X A S D F R X J N U L Q
O P P N O E O M I V E C E E G
H K S J N W O N B N K U K K I
T E Q N H T E C N E M E L C R
N O E E T D A L G L I S H A H
D K R G S J B P J K Z O D F W
A Y H R S A U B B B Q U C D F
C E Y A F H C L I D K N T R Q
K I L G E P A H Y Y K E K A L
W J Q O Z U B L B O B S Y L D
L O J I C V Z I Z Z P S S O O
```

AKENNEDY   HANSEN   NEAL

CASE   JOHNSON   RKENNEDY

CLEMENCE   LEE   SOUNESS

DALGLISH   MCDERMOTT   THOMPSON

CHAMPIONS LEAGUE WINNERS 2005

```
O S N O L A Q H Z H M X N R T
A Y Z J H Z W Y W R R N E R L
N I Z D B X G Y T K N H A I L
S B C A U B V P W A G O H I E
G E R R A R D I M A R B O S W
R O Z V A A H A R E J J M E E
S Z H T Z G H R S M I C E R K
T D Q X E O A K K E S S I C P
V Y U T Z C N L F W Z X U T V
B M L D T M Y G F I U A C P Y
U K C K E N W W X Z N U I D Y
M X U X K X C E T R N F C O
V C N F E P T O I V I L A A Q
K Z L N H U X D X R N C Q N C
R J T E N Y Z Y W D U O J W C
```

ALONSO   FINNAN   KEWELL

BAROS   GARCIA   RIISE

CARRAGHER   GERRARD   SMICER

CISSE   HAMANN   TRAORE

DUDEK   HYYPIA

CHAMPIONS LEAGUE WINNERS 2019

```
A I M K N S P O I H M K V A M
I L Y I A O H S E P A J E P L
I K E L L N S N F E T I N Y Q
R G A X I N D S R A I D A Z I
Y H I B A E Q I R P N M M V
B N A R R N W R B L N A R A B
Q F P S O T D L H P A V O Y E
H K O O P J E E G U E T B V L
O N B W T M T Q R B Z G E G D
F I R M I N O M Y A Y D R H L
Y S G R B G A K C O R A T U C
M U D L A N J I W P F N S O Y
P S Y L J V Z E M O G M O H X
L G L F I J Y J C Q Q W N L C
P K D S N N N Y C F D A B T D
```

ALEXANDER ARNOLD	HENDERSON	ROBERTSON
ALISSON	MANE	SALAH
FABINHO	MATIP	VAN DIJK
FIRMINO	MILNER	WIJNALDUM
GOMEZ	ORIGI	

PLAYER OF THE YEAR

```
H K J F V M G D C B C E N Y B
A J I N G L H A R J N P Y M B
L I E S X R R P R A M Z V Y I
A D X A R R M N M B R B Z E Q
S N Y T A M U R P H Y R E Q A
A A P G T X E B O Z Q S E Y S
M V H T D O H N I T U O C G K
A E I Q O D B U Z A N I E R R
R G O E C R A A R T P N D K T
Q L O U L I R E Y M V C P A E
Y S H M P E Z E R V E S M I L
Z F G Y K B S Z S P S F Q H
Q T Y M P K U M K L G S H R J
G H H Z M W T X D T S L L K D
E P C W U S G G N Z E T I V F
```

HYYPIA(02)   REINA(10)   COUTINHO(15,16)

MURPHY(03)   LEIVA(11)   MANE(17)

GERRARD(04,06,07,09)   SKRTEL(12)   SALAH(18)

CARRAGHER(05)   SUAREZ(13,14)   VAN DIJK(19)

TORRES(08)

CHAMPIONS LEAGUE TOP SCORERS

```
Y E K S E H D T C V Y D U P J
A B G B C R O E E D G W P O S
O S C G A R W F K F A X V H T
Z L Z R R I O H K B R S O N I
G K R E B O P U S S C G Y I K
Y E S Y U U D Y C N I A L T U
G C I S S E N N Y H A E B U Y
F I R M I N O U T H B O N O T
P H V I H G E T O A Y X V C E
P A Z H R Q V P B Y V K B K B
Z L R R B Q Y K M M A T U P X
X A L O O Y L B I A X N W B Q
H S W Z G T W T P U N U E A V
G E E W R U P R E E I E C B D
N P H S D G P K N Y H K R F F
```

GERRARD(30)	CROUCH(11)	CISSE(7)
SALAH(16)	GARCIA(10)	BENAYOUN(6)
FIRMINO(15)	OWEN(9)	HESKEY(6)
MANE(14)	TORRES(8)	HYYPIA(6)
KUYT(12)	BABEL(7)	COUTINHO(5)

UEFA CUP WINNERS 1973

```
L R U L E X E H Y Y X S N W Y
O N R V P V Z T Q A S V Y A D
C O R M A C K X I W Q X S L Y
J E Q G N S L U Z H B D J A O
N A H G A L L A C G N H C W L
G E T N A G E E K I F T X L L
L I C O U B N V L E N L X E D
S X R N S G A P V H D L H R H
H U Z T E H A I B M T F U U W
Q A Y C G M A U X K V I G S S
X A F C F T E C E W E H M L Z
C N K C W F V L K Q E B N S Q
K P S T A V X U C S N C B M X
S L D C Z Z L J T J K K Y X V
L L Z J W G N Y Q Y A C N F J
```

CALLAGHAN	HUGHES	LLOYD
CLEMENCE	KEEGAN	SMITH
CORMACK	LAWLER	TOSHACK
HEIGHWAY	LINDSAY	

UEFA CUP WINNERS 1976

```
N S H I E E H T J E F I Z K C
Z L W E E N O U C T E B T E R
E L Z F I S A F K W J N P N A
V F B H H G Y G M E J A R N Y
L C A A G C H L E Y C H M E Y
T Z C D B U G W E E H G Y D Q
X K O W Z W O C A Z K A V Y Q
S E H G U H N L L Y N L O S Q
B X A W A E E Y C F C L X D Q
F T H O M P S O N R L A V H V
N W Z E C R R G Q A I C F T Y
C M L Z Y J G E E Y Q A O I C
Z C Q P E J W N B M U S F M F
D S N K F T Z Q U K B L I S F
V B D W N V J Y I C A S E T Y
```

CALLAGHAN	HEIGHWAY	NEAL
CASE	HUGHES	SMITH
CLEMENCE	KEEGAN	THOMPSON
FAIRCLOUGH	KENNEDY	TOSHACK

UEFA CUP WINNERS 2001

```
Y L L A M K N J L N B K S C R
C P E K A C C H N Q F W M A E
V P A B V L A A E H S S I R L
W M A U B Z M L U S P A C R T
M U V N W A V G L U K S E A N
M U R P H Y B V H I M E R G R
W E S T E R V E L D S B Y H A
R E L W O F N W F G E T Z E I
J U J F F C X M P R V Y E R P
B H V W H O B B G D J C U R Y
N P I O N M N E L P O U L M Y
K X Z J C E R D R A R R E G H
T M A G H I W O U K Y W I J L
J D P L U C F O G O J Y Q C W
C I S F A F I S O N W B Z I Q
```

BABBEL	HAMANN	MURPHY
BERGER	HENCHOZ	OWEN
CARRAGHER	HESKEY	SMICER
FOWLER	HYYPIA	WESTERVELD
GERRARD	MCALLISTER	

MOST GOALKEEPER CLEAN SHEETS

```
S K W V R R C E U F D R H X S
H E C W B Y H A M O A G Z H D
V D M R E R T K O A B F J D F
K U I A X E T P L G Z D G G I
H D O M J R R E Q T H A R D Y
M M N I B W B H K Y B N N M V
L J Y P N B C L E M E N C E O
P A T T O C S L D I W X S M R
V E W R M N I W B G P O Z E Y
D N G R S R L Y F N M U I Z B
D O B A E W S T R O B N Y Q N
C C T X H N Y F O L A H H J Z
T B T S A C C T C E G O C A U
G B C T U L F E U T A F X D X
Z M B N E Z J G E T G K Q X I
```

CLEMENCE(323)   LAWRENCE(133)   RILEY(69)

GROBBELAAR(267)   JAMES(102)   MIGNOLET(65)

REINA(177)   DUDEK(75)   HARDY(63)

SCOTT(137)

MOST CONSECUTIVE GAMES

```
S T W E H L L Q E R S S N M M
Y R H U S A Y J I K E E D Z N
F X N O W N P A D E P L C D R
U T J L M J Q Q L N Y D W T A
U S E X S P N J O N N H L O Z
R R C J H U S E G E A H Q L F
T A D O E S C O N D H K T Z E
P I A H T N H I N Y G N C F B
P O H L E T Q T X A A E J B S
U W I M E S H V A D L A D L E
W M E U D B H K Q D L L C Z S
L L G H A S B P W T A M U E E
C S E H G U H O B W C T M A S
D A L G L I S H R M K A S Y J
F I J Q S M I T H G J I P W F
```

NEAL(417)	KENNEDY(205)	SMITH(152)
CLEMENCE(336)	CALLAGHAN(185)	SCOTT(132)
GROBBELAAR(317)	DALGLISH(180)	FOWLER(129)
LAWLER(316)	HUGHES(177)	GOLDIE(129)
JAMES(212)	THOMPSON(153)	HUNT(120)

MOST RED CARDS

```
E M A R L H D R A O N E B B Z
H K K B E R Y Z V U O C M I G
N L C R A N B S I X S H F S Z
B T M R E A L C E O R J P C N
F H R C N H P I L N E O D A R
D E N C M K G X M N D N E N A
G R M U C A H A I Q N E J H M
G O A T P A H O R Z E S Y U R
T O L Q M J N O K R H K F S W
D E O A K J A T N W A J D H U
A F N C O O N A R E H C S A M
R N H O J T S Q D R E I N A T
H Q T K B C H E Y K T W S O F
E D O Q V L B C P Y J Z E E I
N L V Z K E N N E D Y U D M B
```

GERRARD(7) MASCHERANO(3) MCMAHON(2)

BISCAN(3) JONES(2) MCNAB(2)

CARRAGHER(3) KENNEDY(2) MILNER(2)

HAMANN(3) LEIVA(2) REINA(2)

ST JOHN(3) HYSEN(2) HENDERSON(2)

MOST GAMES AS CAPTAIN

```
B Y R T R I N X M M N K K L U
A A L B L O N G W O R T H L W
L L I G P T I S S R Q E Y E T
M N H L X N E R O U P P F D H
E I N J J H E X S W N L A D O
R K O Q G D H B W S Y O Q I M
D C J U N D R A R R E G T L P
P A H E U A B A N E H N B M S
H M H F D X E L I S Z D U E O
W U V S K S A C U S E G O O N
B H H Y P I A Y R B N V B S
I A S I Y M U E N B H E M U X
W I U O N V A H T I M S C I B
Y D D X U T O C G H U P W K N
X C X U S H P L I N R P J G A
```

GERRARD(473)   HYYPIA(205)   HENDERSON(142)

YEATS(416)   HANSEN(195)   BRADSHAW(131)

HUGHES(337)   SMITH(158)   LONGWORTH(130)

RAISBECK(267)   THOMPSON(147)   LIDDELL(130)

MACKINLAY(265)   SOUNESS(147)   BALMER(129)

HIGHEST TRANSFER FEES

```
K D Y B J S J Q M N D Y J F Q
E K R Y A U I U U I Y A H A E
I H S L F U D Q A A I S N B X
T I A N D L J H W L O T I I N
A H M S A T S X O R I V O N K
H C N N H T O R R E S S Q H R
K A J N W H E Z D B X G S O W
D I V A N D I J K M C H F O A
W D O G L Z Q J B A O V L K N
I L O N E J J L R H O R T M A
X S O R I V Y R T C M X T L L
M W A V M M O E K E T N E B L
U U Y F R L R O M H X C Y Y A
S H I H L E A I B E N A M E L
O V T B L C N K F X U V K P R
```

VAN DIJK(£75M)   CARROLL(£35M)   LALLANA(£25M)

ALISSON(£65M)   CHAMBERLAIN(£35M)   WIJNALDUM(£25M)

KEITA(£52.75M)   BENTEKE(£32.5M)   SUAREZ(£22.8M)

SALAH(£43.9M)   MANE(£30M)   TORRES(£20.2M)

FABINHO(£43.7M)   FIRMINO(£29M)   LOVREN(£20M)

HIGHEST TRANSFER FEES RECEIVED

```
Z I L L O R R A C A V J O K I
S T I U T E Z E T Y L N P I S
O T C Q A I B H R W A I X S A
N H E M T Z D M O R U Q P S L
O Y Z R J K C E E Z Y N O S L
D R A W L R E H B O C L F E E
B J Q D A I C A S I A P I R N
B T M B H S N N N N K N S R Z
E Z Y O A H O G K E G L G O P
N H E M F L Y E C S L G Q T R
T B Q R A E H O A F R E B W A
E R J T A C O U T I N H O X O
K M J M O U S A K H O J M D C
E S X W I D S O L F U S P Y G
O K N O X C R L D X D C Q G S
```

COUTINHO(£142M)	ALONSO(£30M)	KEANE(£16M)
SUAREZ(£65M)	SAKHO(£26M)	CARROLL(£15M)
TORRES(£50M)	INGS(£20M)	IBE(£15M)
STERLING(£49M)	SOLANKE(£19M)	ALLEN(£13M)
BENTEKE(£32M)	MASCHERANO(£17.2M)	WARD(£12.5M)

FA CUP WINNERS 1965

```
L A O G P Y C Z M U I H R D T
V E T N S Q T D H Z U D N N X
E P I O C X N H D M H Y H C R
R B Y R N E S L C D J O Z A V
Y E M T I X A Y J F J G W L R
C J L S M W S X E T L R W L J
M P H W R U I T S A V M N A K
C G U E A F E C E Q T Z E G H
S B N H E L O D M V R S A H X
P C A B C T T L J V E B G A Y
E N O S P M O H T G N D N C
K M E M D I W H P K A Q S G W
R S W I P E U O U S C Y C O P
P N N T C N Y C D J V N Z S N
N R Z H T O P T F C R R G T M
```

BYRNE   LAWRENCE   STRONG

CALLAGHAN   SMITH   THOMPSON

HUNT   STEVENSON   YEATS

LAWLER   ST JOHN

FA CUP WINNERS 1974

```
C E Z C N K P F T L D L H Y S
X L B Z T V C M H C A A I E M
K E E G A N G A O Y L W H B I
S M F M F J K B M L I G L O T
O U C T E W N Y P R U G R E H
N Y G Q S N G B S H O J K M R
L J W T K F C N O N G C C S G
Y A S D N I L E N B R H A J V
D K M O U B Y F V A E B H D J
C A L L A G H A N I U X S P Q
N N L A T Z B N G J Z M O E A
I R A M G I B H M C R S T S H
R F C Q H Q W I R G V P J X W
Q D J N X A Z W B H A M M R C
V T A V Y N I S T F D X T O K
```

CALLAGHAN	HEIGHWAY	LINDSAY
CLEMENCE	HUGHES	SMITH
CORMACK	KEEGAN	THOMPSON
HALL	LAWLER	TOSHACK

FA CUP WINNERS 1986

```
S T N W F Q Z M M U X G R N I
G T H X Y U L X O Q Z A B I Q
L A W R E N S O N L A A B L K
D A S R Z S K S S L B D J G E
M V U X T B E P E J L Y X E D
R I X J N M Q B T O S E D B X
T Y N M U X B Y G H V M L E W
B U E W A O E D J N R Y L G Z
V X T J R C A J A S U J L E N
N J F G W L D L S T S J V E O
X E E O G K E O Q O H O E Q V
I W S L Q H D Z N N L N N Z M
S I I N W J N O H A M C M V H
A S K Y A U O H B C L N N Y A
H L D M M H N I C O L D X J A
```

BEGLIN	JOHNSTON	MOLBY
DALGLISH	LAWRENSON	NICOL
GROBBELAAR	MACDONALD	RUSH
HANSEN	MCMAHON	WHELAN

FA CUP WINNERS 1989

```
E A F I D S V S Q G G N V W L
G B J J O F P E R P O M H S H
D L Y K N G C O N T L E B D I
I E M C V O B W H I L I N C H
R T T Z Z B T G M A S Q K S Q
D T Y Y E P U N N G Y O U S H
L I L L F O V R U P M R N F F
A F A F H J X Y Y A U C G K I
A A S M C M A H O N T D E H O
R M O E V D L T J N E S N A H
G F H N N T U M H L S P O D J
Y E L S D R A E B O H P T N F
C U X P M C A A N C A T F P B
Z U K H S R U B K I V B P D K
O T D I H H P C P N V W X Q K
```

ABLETT	HANSEN	RUSH
ALDRIDGE	HOUGHTON	STAUNTON
BARNES	MCMAHON	VENISON
BEARDSLEY	NICOL	WHELAN
GROBBELAAR		

FA CUP WINNERS 1992

```
N W B Y J H S S H X W T L H J
Y H R O B W V S R X C U U U E
O R N I O L U S X E B M R F Y
M E W R G R O D W B D H P K W
S D R Y F H C M O H O N K A G
Y U N L H E T E J I C G U J W
B L O C I N X Q P B R R H A O
I S T Z L J W V D O S S V G S
O J H H N F U L B C G N U N W
T J G S L F A B W A L T E R S
H M U R S V E A Y E G S I Y Q
O V O A M L N A M A N A M C M
M E H M A Z Q R Y W V X B H R
A M L A X I U T Q R M W C A Q
S F R T G O U C I M W Y X N O
```

BURROWS	MCMANAMAN	SAUNDERS
GROBBELAAR	MOLBY	THOMAS
HOUGHTON	NICOL	WALTERS
JONES	RUSH	WRIGHT
MARSH		

FA CUP WINNERS 2001

```
A R R H L Y D P K W K D Z X S
Z I L C R A R H S E N S Y M R
T O A S V X A A N S Q C I B E
M L H Z A S R M J T U C X J L
V U J C L E R A J E E Z M M W
Y U R T N L E N Z R B Y C E O
F Z J P E E G N R V L A F A F
L E M B H Y H R Q E L X K I W
A C B G D Y K Q X L G V L D S
N A Y E K S E H I D G R R S Z
B U M G Y N P S C U Y X E Y M
O B R N Z E T A L R G S S B B
S U E M R E H G A R R A C Y S
X W Y P R C Z F G Q Z Q Z V S
O W N W Y O S H Y Y P I A T W
```

BABBEL	HAMANN	MURPHY
BERGER	HENCHOZ	OWEN
CARRAGHER	HESKEY	SMICER
FOWLER	HYYPIA	WESTERVELD
GERRARD	MCALLISTER	

FA CUP WINNERS 2006

```
R L V R S C M S T A R Y N H E
P I L Y E I V V I A Z N M C C
C P I E T H Q A F S A M I U I
A Z X S N F G X E M S J O O S
A D Y R E I N A A V L O J R S
U V W U I N W H R D W J K C E
Q L I H R N G E R R A R D O F
V Z D L O A E H P G A L G U K
K P G Q M N Y M Y G P C Z A A
S W A F W Y A L O S N O L A K
P I W L P K T E L V M Z S X H
U X S I M Z P D I E L P I K U
E Z A O M I F X U P W D O A O
P H R M J B M L C C W E Y V H
J K O Z D A L Z I D Z W K L V
```

ALONSO	GERRARD	MORIENTES
CARRAGHER	HAMANN	REINA
CISSE	HYYPIA	RIISE
CROUCH	KEWELL	SISSOKO
FINNAN	KROMKAMP	

BIGGEST WINS AT ANFIELD

```
B N E W T O W N O W H K T S N
M U G C R I P K U O C L P Y O
S V R O A V J P L C I A M R T
T D I S O L E Y U S N D N B L
R U M A L X A L P O U N B J A
O M S B Q E B P A M M U U W W
M B B X F F M T L K V D R L R
S E Y L G U A P L A S Q N G E
G S T O T U D A O T T D L O H
O I O B R E K U S R X S E M G
D K W W S I Q H E A T Y Y R I
S T N D R K R W U P R V O R H
E A M A H L U F R S R X A R C
T S S W A N S E A C I T Y L I
G N W O T M A H R E H T O R E
```

BESIKTAS	FULHAM	ROTHERHAM TOWN
BURNLEY	GRIMSBY TOWN	SPARTAK MOSCOW
BURSLEM PORT VALE	HIGHER WALTON	STROMSGODSET
CRYSTAL PALACE	NEWTOWN	SWANSEA CITY
DUNDALK	OULU PALLOSEURA	TSV MUNICH

BIGGEST AWAY WIN

```
D I O I W J A B K L L Y B O S
E E L F I W R X R L D T U S N
P N T N P N D X B Q E I R O K
N K A I O Q N X B X L C T U S
W M L S N V A Z E Q H Y O T I
O A L N E U X T U Y N R N H P
T R I S Y V E L K G W T S A S
Y I V L G R L L M D V N W M W
B B N T C I A O T A K E I P I
S O O I U C E D W S Q V F T C
M R T I B T W O N V A O T O H
I Y S T O K E C I T Y C S N T
R S A B M O R B T S E W W B O
G D E R B Y C O U N T Y I E W
B I R M I N G H A M C I T Y N
```

ASTON VILLA	DERBY COUNTY	NK MARIBOR
BIRMINGHAM CITY	EXETER CITY	SOUTHAMPTON
BURTON SWIFTS	GRIMSBY TOWN	STOKE CITY
COVENTRY CITY	IPSWICH TOWN	WEST BROM
CREWE ALEXANDRA	NEWCASTLE UNITED	WOLVES

KIT SPONSORS

```
W H C S R P U Z U M U C N R I F M T S R
R A Q V C G N P W Z R M Q O M B B R A Y
T O R T Y P W T L O W X B E U D N N I X
G G P R D T M X W L J G B R Y B R L E P
Q D I U I R Q N N H R E E B O K C U I L
W M C D Z O P M S F T O Q C C R A W H F
F R J B V A R A P W C L X O I X N E C C
O W F X I I D S L A D T U D G G D S A C
J Q F N I I P J P U K E L T I H Y T T U
U I T C D X W V G O P S Z D Y I E E I N
E S Q A P V Y M Z R R Z N S O X I R H A
R O I H I N Y B I O E T C K G I O N U D
W N K Y R M S X N D E B S C H A I U Q C
T Y Q S B Q X G W O L W S M M N E N H C
E C N A L A B W E N U K P L I V E I Q I
S T A N D A R D C H A R T E R E D O V K
W L L F R H C R D P L F B Q B A M N K N
G R R G M U A K T H C T D Z N J C B E H
W D E V Z X S W F L Y Y W F R U K L P J
X M B T W M U Q D J H S G D A T X E B K
```

ADIDAS	HITACHI	UMBRO
CANDY	NEW BALANCE	WARRIOR SPORTS
CARLSBERG	REEBOK	WESTERN UNION
CROWN PAINTS	STANDARD CHARTERED	

LEAGUE CUP WINNERS 1981

```
R T H O M P S O N K D H Z V R
T K N I W R I M Y E A V O N V
G T E D I X T R S N L Z L V P
H Y O N R D E A S E G L G Z R
S G C M N M C E Q C L L A M M
U D K L R E N S N N I H A E J
R N U D M E D D C E S Y X J N
G H Z L R N D Y V M H L E E C
B L Z J M S D C T E J P D N N
J S Q U S E H E M L N U J I F
F W S R N P T E J C N F N F J
Q F H N Z Q E B Y B C V O X V
E X E S E D D T U D D K I I F
K K A M H U G R E Y Q M F R C
A K A Y J K Q N U Y T Z C B L
```

A KENNEDY	HANSEN	NEAL
CASE	IRWIN	R KENNEDY
CLEMENCE	LEE	RUSH
DALGLISH	MCDERMOTT	THOMPSON

LEAGUE CUP WINNERS 1982

```
R P N O S N H O J T H X G S Q
Y A Z P B O U L T S A N M Q V
D N A H Y K J O U M E N U Z Q
L A A L L Z M R V K E J E Z R
K B L L E R T H O M P S O N Z
E N A G E B L E E I O N O Q I
N H F D L H B B G U K G M F B
O A C S F I W O N M E D R R D
S M D A X E S E R D N U Q C J
N L L P N I S H Z G N Z T V F
E A G B N S O J P O E V X I O
R E J U J W O A J Y D J W L B
W N D C B J A Q K W Y A F W C
A Y T Q T B K B Q I H Q T W F
L N A K Y O R K G Z M Z T X T
```

DALGLISH	LAWRENSON	RUSH
GROBBELAAR	LEE	SOUNESS
JOHNSON	MCDERMOTT	THOMPSON
KENNEDY	NEAL	WHELAN

LEAGUE CUP WINNERS 1983

```
G L L K V R O K C S N S H H B
C C I R E J G E J T O O S T Z
F N U H Z N G V B T S U U F Y
H I R O G U N E Q P N N R Z U
M C Q K B U M E L P E E S U W
J O H N S T O N D P R S J E L
M E U A L H L L G Y W S E K T
G K L J D V V X C A A L H R X
Y L C A Y G N W P R L S W P Q
R A A L E B B O R G I H L N Z
G L B D U N D K I L E A B K W
H F Y O Q C N C G L H R F T U
D O Y X G F D L A E B Y Q W W
M O N N R W A N Q Q H F X S M
T J Q A I D N E S N A H F O C
```

DALGLISH   JOHNSTON   NEAL

FAIRCLOUGH   KENNEDY   RUSH

GROBBELAAR   LAWRENSON   SOUNESS

HANSEN   LEE   WHELAN

LEAGUE CUP WINNERS 1984

```
D Z S K S N K X C R H J U O Z
N A Q S E Q L P A L R O G O L
M N L S E R L A U O G H A L E
K X N G Q N L V B E Y N J E J
V A W U L E U I L W N S L E G
H Q V G B I N O Z A A T B M O
S V V B Y S S R S V L O K V R
H W O D O Q R H Y D E N N E K
B R Y N E A L U Z B H E W S U
G M J C F Q V D S H W I P R D
O U Q W P Z G P U H M S P U R
L A W R E N S O N Y Y Z Q R F
G C U L W O Z P R P K U T Q Y
J T U K R D X D J K C X D G J
W E P K B I I S T L P F M T H
```

DALGLISH	KENNEDY	ROBINSON
GROBBELAAR	LAWRENSON	RUSH
HANSEN	LEE	SOUNESS
JOHNSTON	NEAL	WHELAN

LEAGUE CUP WINNERS 1995

```
M T A H O N B I Z J Q G F P S
C Q G S M A C B M N X Y P G E
H T G F R M E I L H J A O S M
G M A N D A G N Y G N K U C A
F Q E D J N O T L K L I M A J
R S L D M A R U D D O C K L S
A U E C Z M K E W S W H X E C
E G S Y M C R B P A G X P S L
J S U H B M S U R E L W O F Y
N I A L R E B M A H C T B M W
O Y V M N V N B A B B R E Y Z
A M Q O O D F R B Q C R X R Q
Q S J L L H E H O Z F D D U S
B U P A A Y T D X J D S B U P
W C Q R K L V P B J B R P V D
```

BABB	JAMES	RUSH
BARNES	JONES	SCALES
BJORNEBYE	MCMANAMAN	THOMAS
CHAMBERLAIN	REDKNAPP	WALTERS
FOWLER	RUDDOCK	

LEAGUE CUP WINNERS 2001

```
D X J Y L H L F G H B X G A R
E L N P Y O C O R E I E B I E
G Z E Y E O Z E S O R A E Y C
S E P V A Q H F M B R R C R I
M I O B R G G B C A E X A A M
A V A O A E Y T K B T G N R S
X H W R N T F Q B S X T Z D
O V R Z U A M S U E I G R I L
J A Q K F R C B E L L E G E I
C N N A M A H S Y W L L I G N
H E S K E Y W V I W A G Q E E
J Q S I B K Z H O B C H Q W E
A M S S K H J F W Z M V G V L
Y T D G I N K E Q J R H W G O
A T Q L N V H E N C H O Z U Y
```

BABBEL   GERRARD   MCALLISTER

BARMBY   HAMANN   SMICER

BISCAN   HENCHOZ   WESTERVELD

CARRAGHER   HESKEY   ZIEGE

FOWLER   HYYPIA

LEAGUE CUP WINNERS 2003

```
Y C E C R D U R I D M S D R H
I E G J V L V E D G K H E A Y
R W K E B F V C B T O H M D Y
P R K S R D P I N K G A W I P
F N J M E R G M U A N N K O I
D U D E K H A S R N R M X U A
H E N C H O Z R U V E B O F C
O G T P D S A Y D G A N E W O
O I Q Z H C Y H P R U M R M Z
R V U Z G N C Y O W S N P J D
T I R E A S J S E A N B T J O
A X I C H W G E U T S Q D R E
S R S S Z R D S C B I W S S U
G I U Q E K H N L G Z R O Q Z
B L C S B P Q H B T F V Y W P
```

BAROS	GERRARD	MURPHY
BISCAN	HAMANN	OWEN
CARRAGHER	HENCHOZ	RIISE
DIOUF	HESKEY	SMICER
DUDEK	HYYPIA	

LEAGUE CUP FINAL 2012

```
J N S V P L V L Q G M X Z G U
T J Z K R M L D K A L J J N L
Y R Q X R O A R E G G A A I J
U G D K R T I D D I L Q C N L
K E Y R H G E J A Z U R A W S
E M A H E E L L X S E A R O U
D C Q C A Y N J S I Q K R D A
B R U L D J O D N K F K A H R
Z W A H G H P A E S D Z G U E
H F N R N E U Q I R N E H W Z
Z M Y S R J P P X R S F E J X
A J O G B E L L A M Y O R H U
L N G A U G G W H Z A P N M R
K I Q J C I U M D G W X E M O
B I Q S Z Q N T X V D O X C A
```

ADAM	DOWNING	KUYT
AGGER	ENRIQUE	REINA
BELLAMY	GERRARD	SKRTEL
CARRAGHER	HENDERSON	SUAREZ
CARROLL	JOHNSON	

41

FIRST LEAGUE OPPONENTS

```
Q S A R D N A X E L A E W E R C M T A W
S T E H L U W X C A O X B Y K I N I Q O
M F G B X I G O R Z R R T C D L R Q Q O
A I T Z U P N D T H K N P D M O S H S L
L W F V E R W C I M U Q L Z T S X N Q W
L S C C Y I S I O O A E D C Z X D G I I
H N X Z C E K L C L S H I L N M S X E C
E W R K G M F S E B N V R E T W O C O H
A O G H O T T O M H C V E A C B B S H A
T T F A B T A R S C P Q I C H N Q Y T R
H L F F O O O N I U W O S T X T H W F S
O L E N J U Z W G A G L R W Y Q O H I E
A A K H G R H V I Y T U F T C C W R W N
V S V H G T E M O X A A C V F P A S A
D L D G R I M S B Y T O W N P A V T N L
N A F O Y M J X Q O V R X D E L L M O A
Z W N Z H S K J N M A C B B B Y E T P
N E W C A S T L E U N I T E D C C S R C
S I Z Q F K E B D H R G N N G E I Q U M
V J W A Q D F I A G K K E W N F F L B U
```

ARDWICK

BURSLEM PORT VALE

BURTON SWIFTS

CREWE ALEXANDRA

GRIMSBY TOWN

LINCOLN CITY

MIDDLESBOROUGH

NEWCASTLE UNITED

NORTHWICH VICTORIA

NOTTS COUNTY

ROTHERHAM TOWN

SMALL HEATH

WALSALL TOWN SWIFTS

WOOLWICH ARSENAL

TOP GOALSCORERS

```
N R N W G V E B H K U S H G H
O U A E A F D S A U H O W L O
S S J Y S H I J R R V X I F D
N H J J B L S W Z D N D V F G
I C R X G O N R C A D E F J S
K T H L G H U I O E A G S E O
R C A I O V K L L F B T R R N
A D N J Y O H L D R A R R E G
P Y T F P B A L M E R H Z L N
T S L F Q Y J G N S U V T W S
C H A M B E R S D N Z G T O A
T A H W W A L D T F P B S F P
N E W O L R M N D N M J O R W
T V S O I G J Y K V Q P H Q Y
V R U S U D O E L F M I K I F
```

RUSH(346)	FOWLER(183)	PARKINSON(128)
HUNT(285)	DALGLISH(172)	FORSHAW(123)
HODGSON(241)	OWEN(158)	ST JOHN(118)
LIDDELL(228)	CHAMBERS(151)	BALMER(110)
GERRARD(186)	RAYBOULD(130)	BARNES(108)

MOST ASSISTS

```
X R C J H E N D E R S O N D D
W E O M I L N E R S R W T L N
X X U B R Q B G T Q C S O E L
C W T U E U C E C J J N M Z A
X L I P N R R D R A R R E G N
A M N R I L T S N A K R M H A
Q L H N I Y M S R O A K U M L
I U O N S I W E O U N G R M L
I A G N C O D O S N S O P Y A
G O P E S N O P N Y E T H W L
U H R O A O L B Q I J R Y L R
Y A M X H A L A S N M P T U L
I L E W N H I C K B A R L G K
A L S T Q J P O W U A I I S A
A M V A E F P Z M V E I O F I
```

GERRARD(99)   SUAREZ(26)   MURPHY(18)

COUTINHO(38)   MILNER(22)   SMICER(16)

HENDERSON(30)   SALAH(21)   LALLANA(16)

KUYT(30)   ALONSO(19)   STERLING(15)

FIRMINO(30)   ROBERSTON(18)   ALEXANDER-ARNOLD(15)

EUROPEAN SUPER CUP WINNERS 1977

```
A L J F C K Y F C M H T D H S
Z A B A P O D A R E S K V W E
P E Z T W Q L I T C C M V G H
E N U E T L W R D Y E E I U Z
K C U U A X Y C L I A O G E N
H X N G L K T L F Q N H G A O
H T H E Q T T O M R E D C M S
C A I I M E X U K S Z H A L P
N G J M K E E G P E S I U H M
L Q O Q S S L H V I N Y Y P O
S F H T A R K C L V C N G W H
Y I N C H E I G H W A Y E A T
L R S Z V Z L O E V E M D D C
I S O W C A B F E X S H A F Y
M J N A D S E N O J V D B C L
```

CALLAGHAN   HEIGHWAY   MCDERMOTT

CASE   HUGHES   NEAL

CLEMENCE   JOHNSON   SMITH

DALGLISH   JONES   THOMPSON

FAIRCLOUGH   KENNEDY

UEFA SUPER CUP WINNERS 2001

```
L E S I I R M T Q C A C S N I
W E S T E R V E L D I A B K A
M K B L M N Y V T H P R I Y M
B U S B N C W I F X Y R S H D
X E R A A P A O Y O Y A C O A
G A M P D B W L O G H G A S L
W A U S H L P W L J N H N X F
H E S K E Y H N B I Q E H F Y
Q M A R P E P D E Z S R B G H
J T D B N A X I Q W W T C Z J
Y C M C L G Z P G Q O J E D T
V A H P H Y V G I Z Q I Y R W
T O D R A R R E G R Z P L I C
Z L V U F T W X L V U W R B P
L D E X P P D B D F W K T L I
```

BABBEL   HAMANN   MURPHY

BISCAN   HENCHOZ   OWEN

CARRAGHER   HESKEY   RIISE

FOWLER   HYYPIA   WESTERVELD

GERRARD   MCALLISTER

UEFA SUPER CUP WINNERS 2005

```
Z X U Z Q C C P R J N C F G S
N G P G S S T E D J F C J M I
A N Q O E T H E O L E Y H D S
K R A H N G C S S D T Y M C S
K A T M A G E E P H O F N Q O
K J H R A M O R I E N T E S K
G B R G I H Q L I M A L S F O
O A Z E N D E N L E N Y R P U
C Z R N R G X N D E N I S O R
V R Z C E S S I C O I M S F H
Z E I O I T R P O S F N P W I
X D X R N A U Y E A O S K B H
G B N Q A H H I D L E L N V X
A I P Y Y H F N A E Q T A O I
R O F W W W B I Q E L M I W H
```

ALONSO	HAMANN	REINA
CARRAGHER	HYYPIA	RIISE
CISSE	JOSEMI	SISSOKO
FINNAN	MORIENTES	ZENDEN
GARCIA	PONGOLLE	

UEFA SUPER CUP WINNERS 2019

```
B S N N A I R D A F G B S J T
D L O N R A R E D N A X E L A
F Z S B I O W I J N A L D U M
A E T V P A Y E O J M B J Q F
B M R Y A J L S I G A Q C I D
I O E C Q N R R U F N P R E B
N G B U W E D S E Z E M U Z H
H R O R D T B I G B I I I B I
O E R N E T C R J N M B R Z K
Y R E G A N H U O K N A P W R
V H I Z S A L A H B T I H V H
H Z W G M G S I Z G T S H C P
N S D T I G C M A T Q I X B
E K P M P F G O M K Z S D B C
J I I D E P U A U F V Q C V L
```

ADRIAN	GOMEZ	ORIGI
ALEXANDER ARNOLD	HENDERSON	ROBERTSON
CHAMBERLAIN	MANE	SALAH
FABINHO	MATIP	VAN DIJK
FIRMINO	MILNER	WIJNALDUM

2019/2020 KEEPERS AND DEFENDERS

```
G B P A H N W N L P V K I N Y
Z H L L O L Z O E A J O C C O
B I X E E B V Z N I H U U Y T
B R X V R H D D M O G O R F
Y Q C A E M E N S V F D R X Z
T W B N R N A X A D R I A N H
S M U D B V I P X F A S L U S
N J D E C G M I Z Y P H H H Q
C A R R N O S T R E B O R A K
J G G A Z M E A B X M C E A V
H E X R Z M U M T E O O U Z X
F U N N E N Y L C B C R G T S
I N O O J N L E O T P K E S E
Y Q E L M X O B Z C M K E V Y
T H N D K E L L E H E R M R O
```

ADRIAN	HOEVER	MATIP
ALEXANDER-ARNOLD	KELLEHER	ROBERTSON
BECKER	LAROUCI	VAN DEN BERG
CLYNE	LONERGAN	VAN DIJK
GOMEZ	LOVREN	

2019/2020 MIDFIELDERS AND ATTACKERS

```
I O O M U S Z V R L T S N C G
G I R O U S J E R U C H O H N
Q S J I E D T X J J Y A S M O
Z U I N G S L C M G L Q R Q L
X B O K W I S A O U G I E M J
J J J E F A B I N H O R D A V
W D R I G Q A I R J Q I N N M
B B M I R S A L A H I G E E G
N I A L R E B M A H C W H L E
A Y I F A O N I M R I F C L A
N I H Z G L N L R U V W L P T
U W R O U J L Z I M T I S R I
M T V D G K L A A M O N Y X E
L W G A E S R B N T J P F I K
E P A R H C M A T A O D T B B
```

BREWSTER	HENDERSON	MILNER
CHAMBERLAIN	JONES	ORIGI
ELLIOTT	KEITA	SALAH
FABINHO	LALLANA	SHAQIRI
FIRMINO	MANE	WIJNALDUM

ANSWERS

MANAGERS 1892 - 1974

```
W E L S H A R V B S Z F E D A
O U N L W O Q A X H O T J U B
D N V V L X R Y W A W R B F Z
H T E Y S C V R B N W M V P I
A J A E L O C B V K B M S Q L
T T N A U H J U I L K N Y H P
B I Y J B Q B H V E V I A K A
A I Q D K N C F A Y G Y N K K
K S U B B R O N G G H J O G E
K U H J M E H G J C D S D N
N A T W Y N N Q Q S M R T C T
E E Y Z O A N N E K C M A C O
P A T T E R S O N E X B W O S
Z T A A L T T E C P K G G C A
E O J S Q P H N G O L C C P Z
```

MANAGERS 1974 – PRESENT

```
N B H D F M W C E L Q S C N P
N O U R W W L T T V O Z A Z Q
R R S V T T Q P T U A G E J Q
D A L G L I S H N C A N F V
U I O P D C X E S F C A S Y J
X O N S Y O S O O D W T N W A
N Y W O R S N T P W R Z N K M
L Q W B U G D X L X S Z C Z F
M U R C H L H P A P R H X P K
M O R A N R L K U M E M C A V
Z E T I N E B I G P G K V I R
T M N S M Y D F E L D L V S K
S W X J O Q E I R R O O R L G
T R X B D H B W B U R P C E K
Q W R I C V W Z V S E P I Y I
```

MOST APPEARANCES

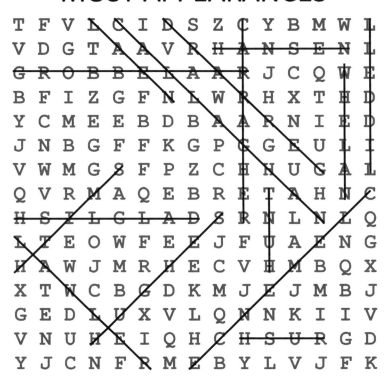

CLUB CAPTAINS 1892-1937

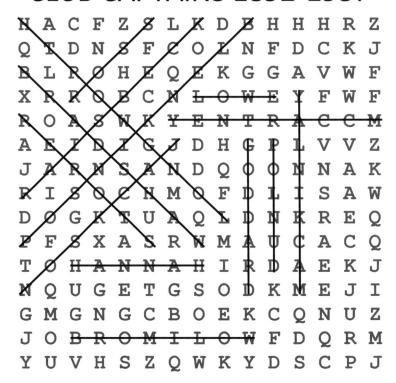

CLUB CAPTAINS 1934 – 1979

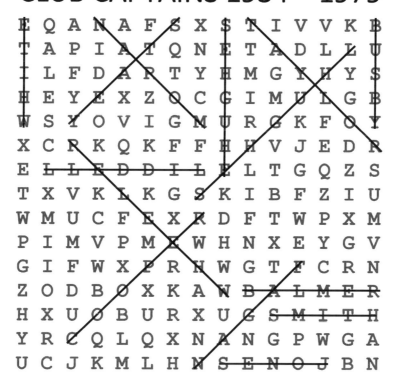

```
L Q A N A F S X S T I V V K B
T A P I A T Q N E T A D L L U
I L F D A R T Y H M G Y H Y S
H E Y E X Z O C G I M U L G B
W S Y O V I G N U R G K F O Y
X C R K Q K F F H V J E D R
E L L E D D I L L T G Q Z S
T X V K L K G S K I B F Z I U
W M U C F E X R D F T W P X M
P I M V P M X W H N X E Y G V
G I F W X P R H W G T T C R N
Z O D B O X K A W B A L M E R
H X U O B U R X U G S M I T H
Y R C Q L Q X N A N G P W G A
U C J K M L H N S E N O J B N
```

CLUB CAPTAINS 1978-PRESENT

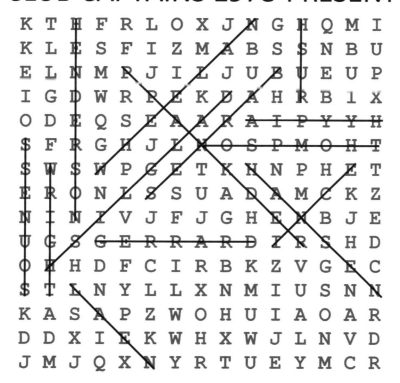

```
K T H F R L O X J N G H Q M I
K L E S F I Z M A B S S N B U
E L N M R J I L J U B U E U P
I G D W R P E K D A H R B L X
O D E Q S E A A R A I P Y Y H
S F R G H J L N O S P M O H T
S W S W P G E T N N P H E T
E R O N L S S U A D A M C K Z
N I N L V J F J G H E N B J E
U G S G E R R A R D I R S H D
O H H D F C I R B K Z V G E C
S T L N Y L L X N M I U S N N
K A S A P Z W O H U I A O A R
D D X I E K W H X W J L N V D
J M J Q X N Y R T U E Y M C R
```

EUROPEAN CUP FINAL WINNERS 1977

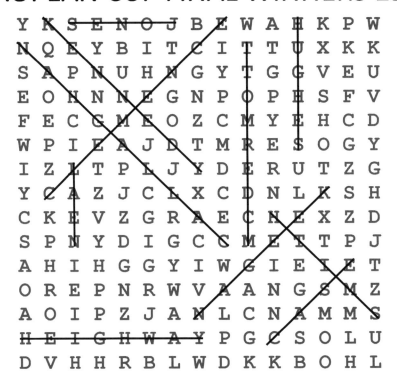

EUROPEAN CUP FINAL WINNERS 1978

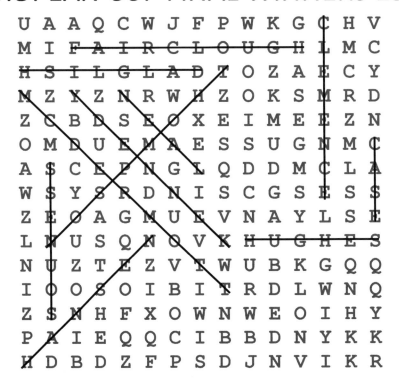

EUROPEAN CUP WINNERS 1981

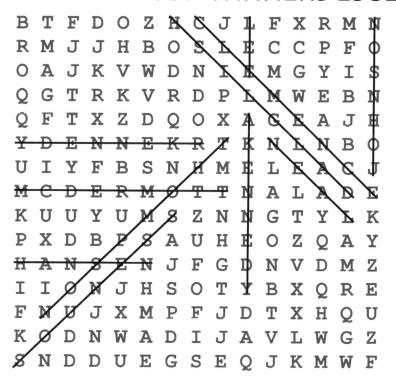

EUROPEAN CUP WINNERS 1984

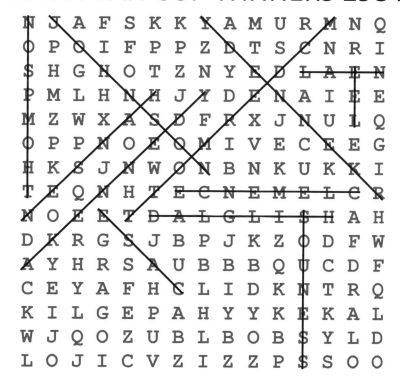

CHAMPIONS LEAGUE WINNERS 2005

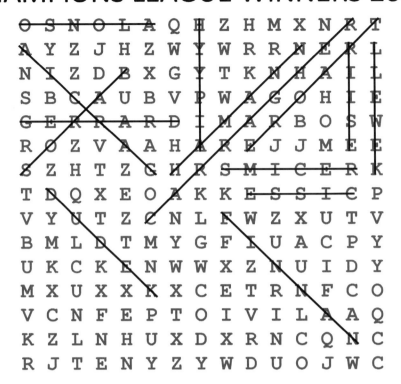

CHAMPIONS LEAGUE WINNERS 2019

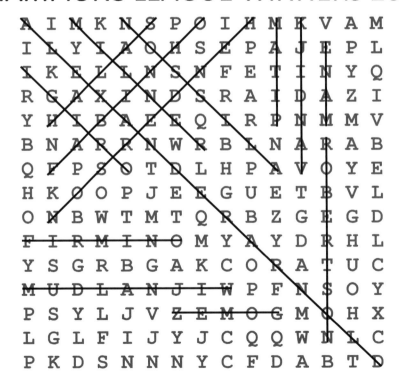

PLAYER OF THE YEAR

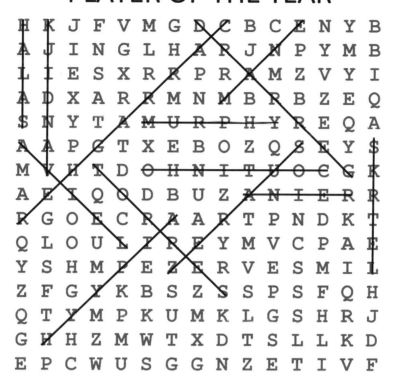

CHAMPIONS LEAGUE TOP SCORERS

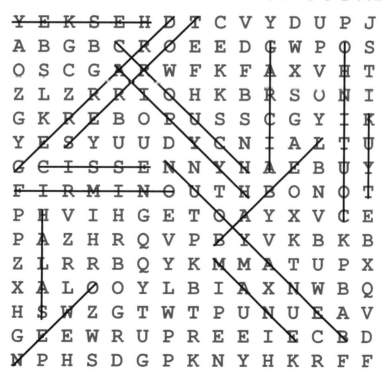

UEFA CUP WINNERS 1973

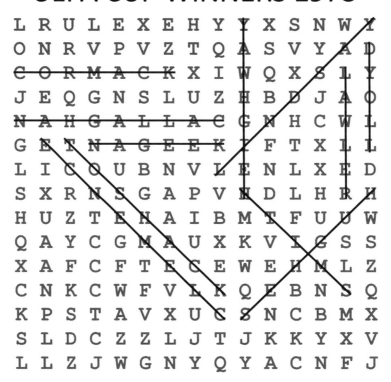

```
L R U L E X E H Y I X S N W Y
O N R V P V Z T Q A S V Y A D
C O R M A C K X I W Q X S L Y
J E Q G N S L U Z H B D J A O
N A H G A L L A C G N H C W L
G B T N A G E E K F T X L L
L I C O U B N V E N L X E D
S X R N S G A P V N D L H R U
H U Z T E H A I B M T F U U W
Q A Y C G M A U X K V I G S S
X A F C F T E C E W E H M L Z
C N K C W F V K Q E B N S Q
K P S T A V X U C S N C B M X
S L D C Z Z L J T J K K Y X V
L L Z J W G N Y Q Y A C N F J
```

UEFA CUP WINNERS 1976

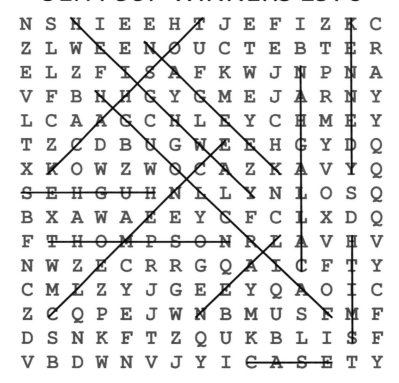

```
N S H I E E H I J E F I Z K C
Z L W E E N O U C T E B T E R
E L Z F I S A F K W J N P N A
V F B N H G Y G M E J A R N Y
L C A A G C H L E Y C H M E Y
T Z C D B U G W E E H G Y D Q
X K O W Z W O C A Z K A V Y Q
S E H G U H N L L Y N L O S Q
B X A W A E Y C F C L X D Q
F T H O M P S O N R A V H V
N W Z E C R R G Q A I C F T Y
C M L Z Y J G E E Y Q A O I C
Z C Q P E J W N B M U S F M F
D S N K F T Z Q U K B L I S F
V B D W N V J Y I C A S E T Y
```

UEFA CUP WINNERS 2001

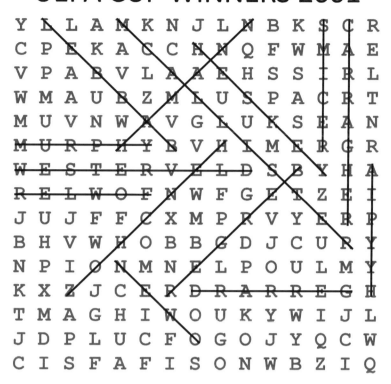

```
Y L L A M K N J L M B K S C R
C P E K A C H N Q F W M A E
V P A B V L A A E H S S I R L
W M A U B Z M L U S P A C R T
M U V N W A V G L U K S E A N
M U R P H Y B V H I M E R G R
W E S T E R V E L D S B Y H A
R E L W O F N W F G E Z E L
J U J F F C X M P R V Y E R P
B H V W H O B B G D J C U R Y
N P I O N M N E L P O U L M Y
K X Z J C E R D R A R R E G H
T M A G H I W O U K Y W I J L
J D P L U C F O G O J Y Q C W
C I S F A F I S O N W B Z I Q
```

MOST GOALKEEPER CLEAN SHEETS

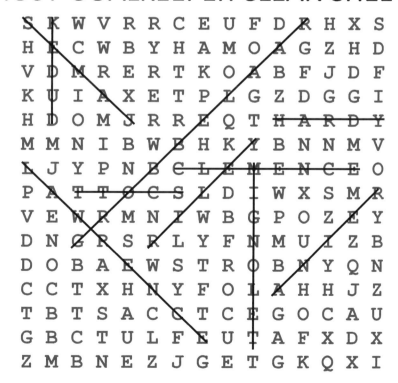

```
S K W V R R C E U F D R H X S
H I C W B Y H A M O A G Z H D
V D M R E R T K O A B F J D F
K U I A X E T P L G Z D G G I
H D O M S R R E Q T H A R D Y
M M N I B W B H K Y B N N M V
L J Y P N B C L E M E N C E O
P A T T O C S L D I W X S M R
V E W K M N I W B G P O Z E Y
D N G R S R L Y F N M U I Z B
D O B A E W S T R O B N Y Q N
C C T X H N Y F O L A H H J Z
T B T S A C C T C E G O C A U
G B C T U L F E U T A F X D X
Z M B N E Z J G E T G K Q X I
```

MOST CONSECUTIVE GAMES

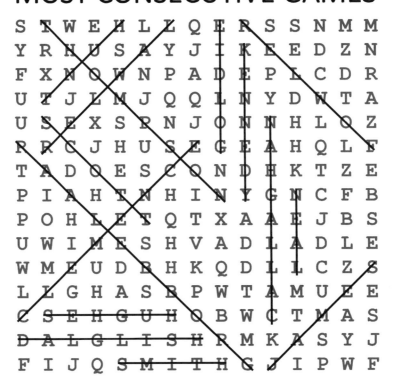

MOST RED CARDS

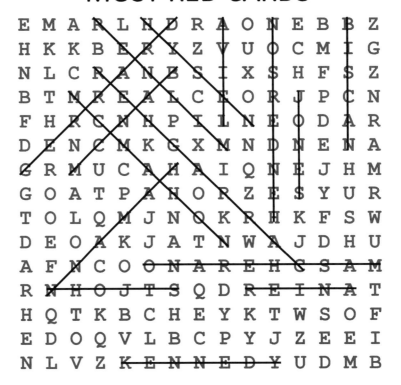

MOST GAMES AS CAPTAIN

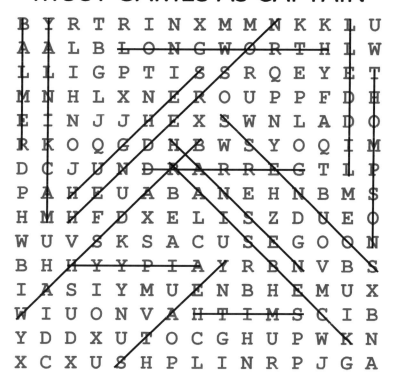

HIGHEST TRANSFER FEES

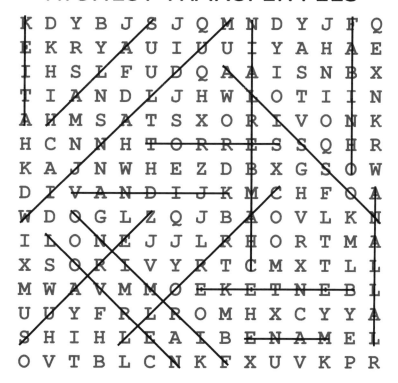

HIGHEST TRANSFER FEES RECEIVED

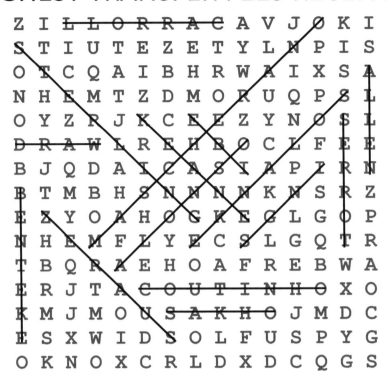

FA CUP WINNERS 1965

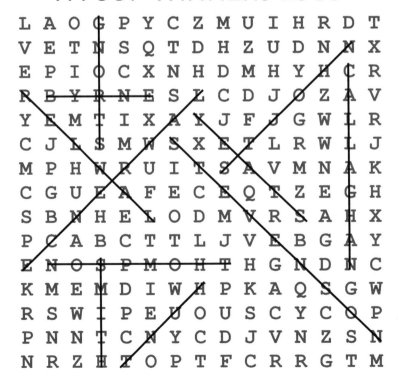

FA CUP WINNERS 1974

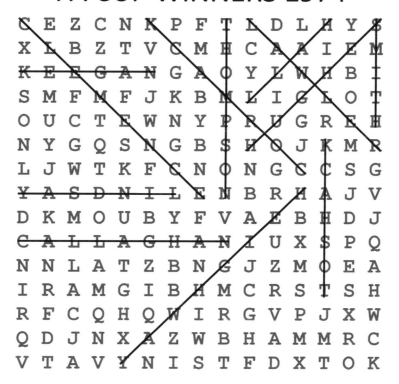

```
C E Z C N K P F T L D L H Y S
X L B Z T V C M H C A A I E M
K E E G A N G A O Y L W H B I
S M F M F J K B L I G L O T
O U C T E W N Y P R U G R E H
N Y G Q S N G B S H O J K M R
L J W T K F C N O N G C S G
Y A S D N I L E N B R H A V
D K M O U B Y F V A E H D J
C A L L A G H A N I U X S P Q
N N L A T Z B N G J Z M O E A
I R A M G I B H M C R S T S H
R F C Q H Q W I R G V P J X W
Q D J N X A Z W B H A M M R C
V T A V Y N I S T F D X T O K
```

FA CUP WINNERS 1986

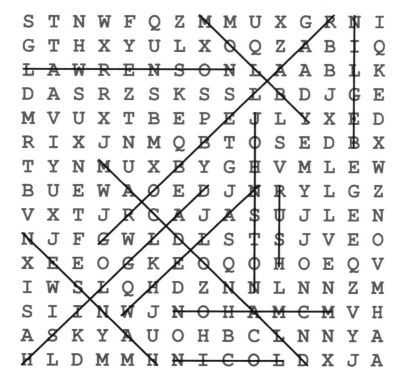

```
S T N W F Q Z M M U X G R N I
G T H X Y U L X Q Q Z A B I Q
L A W R E N S O N L A A B L K
D A S R Z S K S S L B D J G E
M V U X T B E P J L Y X E D
R I X J N M Q B T O S E D B X
T Y N M U X B Y G H V M L E W
B U E W A O E D J N R Y L G Z
V X T J R C A J A S U J L E N
N J F G W L D L S T S J V E O
X E E O G K E Q Q O H O E Q V
I W S L Q H D T N L N N Z M
S I I N W J N O H A M C M V H
A S K Y A U O H B C L N N Y A
H L D M M N N I C O L D X J A
```

FA CUP WINNERS 1989

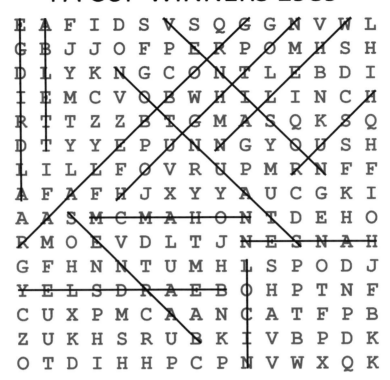

FA CUP WINNERS 1992

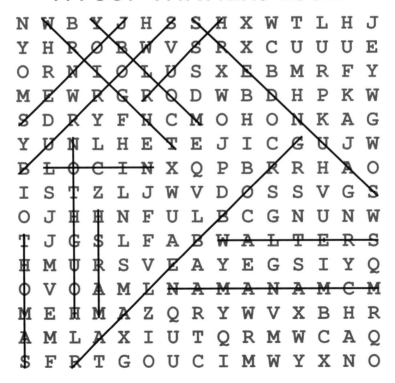

FA CUP WINNERS 2001

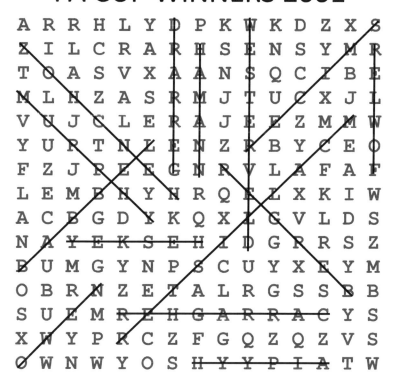

```
A R R H L Y D P K W K D Z X S
Z I L C R A R H S E N S Y M R
T O A S V X A A N S Q C I B E
M H Z A S R M J T U C X J L
V U J C L E R A J E E Z M M W
Y U P T N L E N Z R B Y C E O
F Z J P E E G N R V L A F A F
L E M B H Y N R Q E L X K I W
A C B G D Y K Q X L G V L D S
N A Y E K S E H I D G R R S Z
B U M G Y N P S C U Y X E Y M
O B R N Z E T A L R G S S B B
S U E M R E H G A R R A C Y S
X W Y P K C Z F G Q Z Q Z V S
O W N W Y O S H Y Y P I A T W
```

FA CUP WINNERS 2006

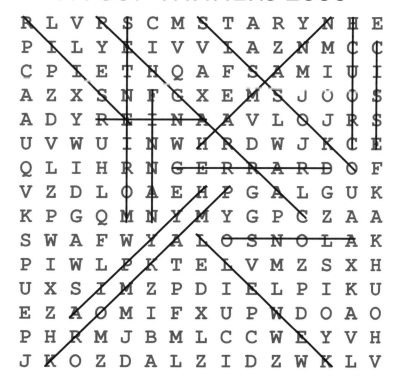

```
R L V R S C M S T A R Y N H E
P I L Y I I V V I A Z N M C C
C P I E T H Q A F S A M I U I
A Z X S N F G X E M S J O O S
A D Y R E I N A A V L O J R S
U V W U I N W H R D W J K C E
Q L I H R N G E R R A R D O F
V Z D L O A E H P G A L G U K
K P G Q M N I M Y G P C Z A A
S W A F W Y A L O S N O L A K
P I W L P K T E L V M Z S X H
U X S I M Z P D I E L P I K U
E Z A O M I F X U P W D O A O
P H R M J B M L C C W E Y V H
J K O Z D A L Z I D Z W K L V
```

BIGGEST WINS AT ANFIELD

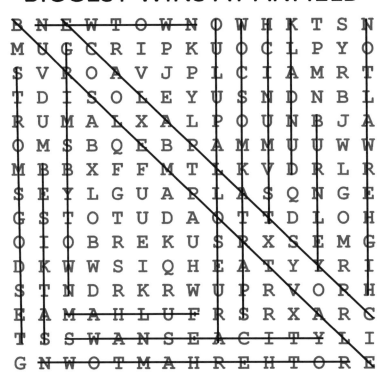

BIGGEST AWAY WIN

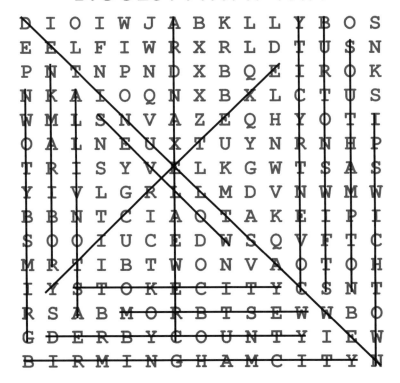

KIT SPONSORS

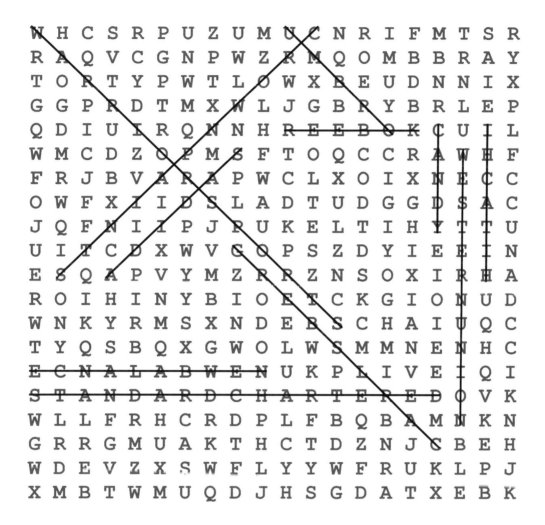

W H C S R P U Z U M U C N R I F M T S R
R A Q V C G N P W Z R M Q O M B B R A Y
T O R T Y P W T L O W X B E U D N N I X
G G P R D T M X W L J G B R Y B R L E P
Q D I U I R Q N N H R E E B O K C U I L
W M C D Z O P M S F T O Q C C R A W H F
F R J B V A R A P W C L X O I X N E C C
O W F X I I D S L A D T U D G G D S A C
J Q F N I I P J R U K E L T I H Y T U N
U I T C D X W V G O P S Z D Y I E E I N
E S Q A P V Y M Z R R Z N S O X I R H A
R O I H I N Y B I O E T C K G I O N U D
W N K Y R M S X N D E B S C H A I U Q C
T Y Q S B Q X G W O L W S M M N E N H C
E C N A L A B W E N U K P L I V E I Q I
S T A N D A R D C H A R T E R E D O V K
W L L F R H C R D P L F B Q B A M N K N
G R R G M U A K T H C T D Z N J C B E H
W D E V Z X S W F L Y Y Y W F R U K L P J
X M B T W M U Q D J H S G D A T X E B K

LEAGUE CUP WINNERS 1981

```
R T H O M P S O N K D H Z V R
T K N I W R I M Y E A V O N V
G T E D I X T R N L Z L V P
H Y O N R D E A S E G L G Z R
S G C M N M C E Q C L A M M
U D K L R E S N N I H A E J
R N U D M E D D C E S Y X J N
G H Z L R N D X V M H L E E
B L Z J M S D C E J P D N
J S Q U S E H E M L N U J I F
F W S R N P T E J C N F N F J
Q F H N Z Q E B Y B C V O X
E X E S E D D T U D D K I I F
K K A M H U G R E Y Q M F R C
A K A Y J K Q N U Y T Z C B L
```

LEAGUE CUP WINNERS 1982

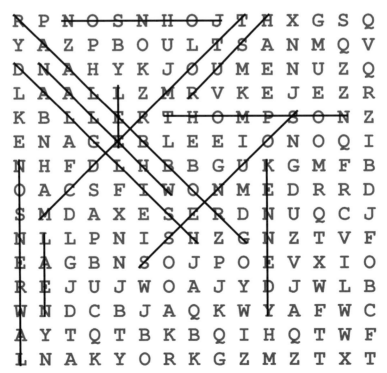

```
R P N O S N H O J T H X G S Q
Y A Z P B O U L T S A N M Q
D N A H Y K J O U M E N U Z Q
L A A L L Z M R V K E J E Z R
K B L L E R T H O M P S O N Z
E N A G R L E E I O N O Q I
N H F D L H B B G U K G M F B
O A C S F I W O N M E D R R D
S M D A X E S E R D N U Q C J
N L L P N I S N Z G N Z T V F
E A G B N S O J P O E V X I O
R E J U J W O A J Y D J W L B
W N D C B J A Q K W Y A F W C
A Y T Q T B K B Q I H Q T W F
L N A K Y O R K G Z M Z T X T
```

LEAGUE CUP WINNERS 1983

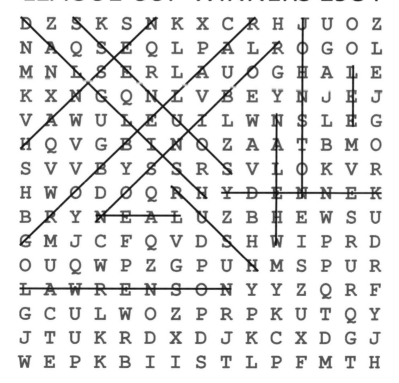

G L L K V R O K C S N S H H B
C C I R E J G E J T O O S T Z
F N U H Z N G V B T S U U F Y
H I R O G U N E Q P N N R Z U
M C Q K B U M E L P E E S U W
J O H N S T O N D P R S J E L
M E U A L H L I G X W S E K T
G K L J D V V X C A A L H R X
Y L C A Y G N W P R L S W P Q
R A A L E B B O R G X H L N Z
G L B D U N D K I L E A B K W
H F Y O Q C N C G L H R F T U
D O Y X G F D L A E B Y O W W
M O N N R W A N Q Q H F X S M
T J Q A I D N E S N A H F O C

LEAGUE CUP WINNERS 1984

D Z S K S N K X C R H J U O Z
N A Q S E Q L P A L R O G O L
M N L S E R L A U O G H A L E
K X N G Q N L V B E Y N J E J
V A W U L E U I L W N S L E G
H Q V G B I N O Z A A T B M O
S V V B Y S R S V L O K V R
H W O D O Q R N Y D E N N E K
B R Y N E A L U Z B H E W S U
G M J C F Q V D S H W I P R D
O U Q W P Z G P U H M S P U R
L A W R E N S O N Y Y Z Q R F
G C U L W O Z R P K U T Q Y
J T U K R D X D J K C X D G J
W E P K B I I S T L P F M T H

70

LEAGUE CUP WINNERS 1995

```
M T A H O N B I Z J Q G F P S
C Q G S M A C B M N X Y P G E
H T G F R M E I L H J A O S M
G M A N D A G N Y G N K U C A
F Q E D J N O T L K L I M A J
R S L D M A R U D D O C K L S
A U E C Z M K E W S W H X C C
E G S Y M C R B P A G X P S L
J S U N B M S U R E L W O F Y
N I A L R E B M A H C T B M W
O Y V M N V N B A B B R E Y Z
A M Q O O D F R B Q C R X R Q
Q S J L L H E H O Z F D D U S
B U P A A Y T D X J D S B U P
W C Q R K L V P B J R P V D
```

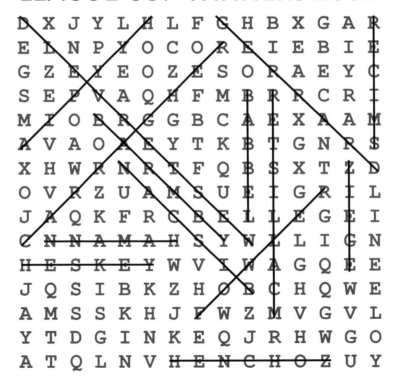

LEAGUE CUP WINNERS 2001

```
D X J Y L H L F G H B X G A R
E L N P Y O C O R E I E B I E
G Z E E O Z E S O R A E Y C
S E P V A Q H F M B R R C R I
M I O B R G G B C A E X A M
A V A O X E Y T K B T G N R S
X H W K N R T F Q B S X T L D
O V R Z U A M S U E I G R I L
J A Q K F R C B E L L E G E
C N N A M A H S Y W L L I G N
H E S K E Y W V I W A G Q E E
J Q S I B K Z H O B C H Q W E
A M S S K H J F W Z M V G U L
Y T D G I N K E Q J R H W G O
A T Q L N V H E N C H O Z U Y
```

LEAGUE CUP WINNERS 2003

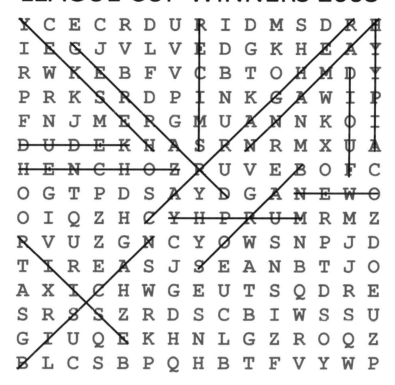

X C E C R D U R I D M S D R H
I E G J V L V L D G K H E A Y
R W K E B F V C B T O H M D Y
P R K S R D P I N K G A W I P
F N J M E R G M U A N N K O I
D U D E K N A S R M R M X U A
H E N C H O Z U V E B O F C
O G T P D S A Y D G A N E W O
O I Q Z H C Y H P R U M R M Z
R V U Z G N C Y O W S N P J D
T I R E A S J S E A N B T J O
A X I C H W G E U T S Q D R E
S R S S Z R D S C B I W S S U
G I U Q E K H N L G Z R O Q Z
B L C S B P Q H B T F V Y W P

LEAGUE CUP FINAL 2012

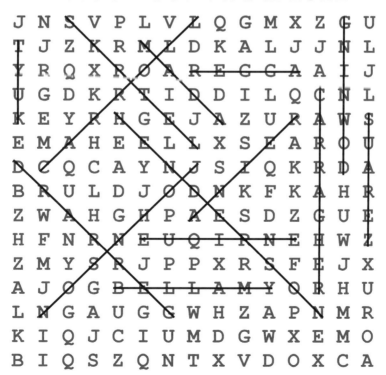

J N S V P L V L Q G M X Z G U
T J Z K R M L D K A L J J N L
Y R Q X R O A R E G G A A I J
U G D K R T I D D I L Q C N L
K E Y R N G E J A Z U R A W S
E M A H E E L L X S E A R O U
D C Q C A Y N J S I Q K R D A
B R U L D J O D M K F K A H R
Z W A H G H P A E S D Z G U E
H F N R N E U Q I R N E H W Z
Z M Y S R J P P X R S F E J X
A J O G B E L L A M Y O R H U
L N G A U G G W H Z A P N M R
K I Q J C I U M D G W X E M O
B I Q S Z Q N T X V D O X C A

FIRST LEAGUE OPPONENTS

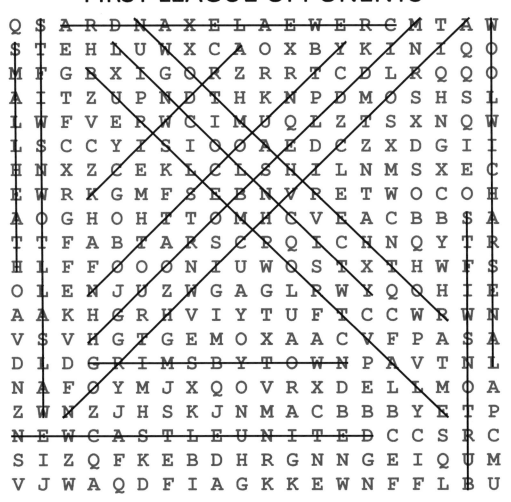

Q S A R D N A X E L A E W E R C M T A W
S T E H L U W X C A O X B Y K I N I Q O
M F G R X I G O R Z R R T C D L R Q Q O
A I T Z U P N D T H K N P D M O S H S L
L W F V E R W C I M U Q L Z T S X N Q W
L S C C Y I S I O A E D C Z X D G I I
H N X Z C E K L C L S H I L N M S X E C
E W R K G M F S E B N V R E T W O C O H
A O G H O H T T O M H C V E A C B B S A
T T F A B I A R S C R Q I C H N Q Y T R
H L F F O O N I U W O S T X H W F S
O L E N J U Z W G A G L R W X Q O H I E
A A K H G R H V I Y T U F T C C W R W N
V S V H G T G E M O X A A C V F P A S A
D L D G R I M S B Y T O W N P A V T N L
N A F O Y M J X Q O V R X D E L L M O A
Z W N Z J H S K J N M A C B B B Y E T P
N E W C A S T L E U N I T E D C C S R C
S I Z Q F K E B D H R G N N G E I Q U M
V J W A Q D F I A G K K E W N F F L B U

TOP GOALSCORERS

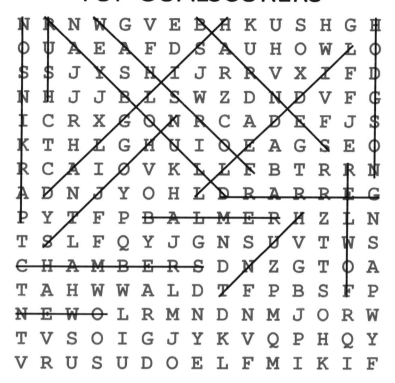

MOST ASSISTS

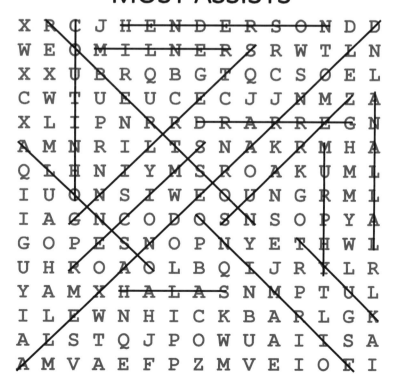

EUROPEAN SUPER CUP WINNERS 1977

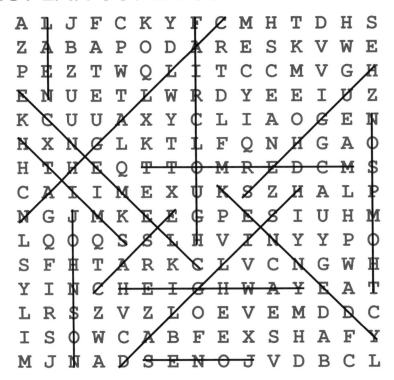

UEFA SUPER CUP WINNERS 2001

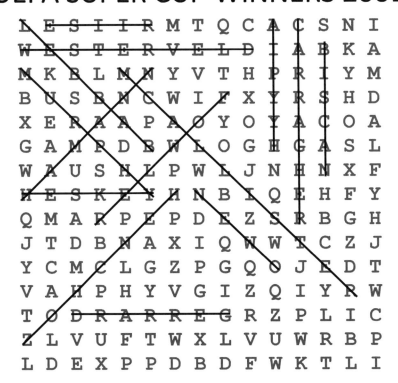

UEFA SUPER CUP WINNERS 2005

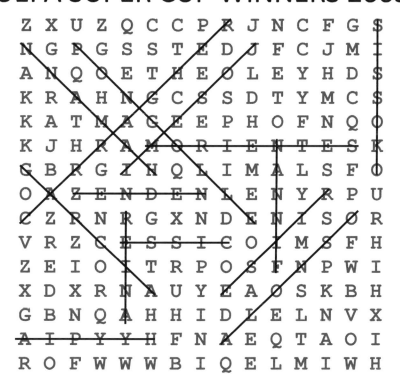

```
Z X U Z Q C C P R J N C F G S
N G R G S S T E D J F C J M I
A N Q O E T H E O L E Y H D S
K R A H N G C S D T Y M C S
K A T M A C E P H O F N Q O
K J H R A M O R I E N T E S K
G B R G I N Q L I M A L S F O
O A Z E N D E N L E N Y R P U
C Z R N R G X N D E N I S O R
V R Z C E S S I C O I M S F H
Z E I O T T R P O S F N P W I
X D X R N A U Y E A O S K B H
G B N Q A H H I D L E L N V X
A I P Y Y H F N A E Q T A O I
R O F W W W B I Q E L M I W H
```

UEFA SUPER CUP WINNERS 2019

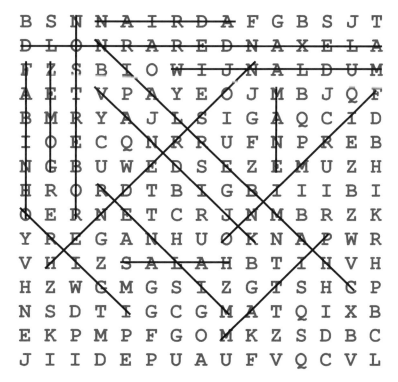

```
B S N N A I R D A F G B S J T
D L O N R A R E D N A X E L A
I I S B I O W I J N A L D U M
A E T V P A Y E O J M B J Q F
B M R Y A J L S I G A Q C I D
I O E C Q N R R U F N P R E B
N G B U W E D S E Z E M U Z H
H R O R D T B I G R I I B I
O E R N E T C R J N M B R Z K
Y R E G A N H U O K N A P W R
V H I Z S A L A H B T I N V H
H Z W C M G S I Z G I S H C P
N S D T I G C G M A T Q I X B
E K P M P F G O M K Z S D B C
J I I D E P U A U F V Q C V L
```

2019/2020 KEEPERS AND DEFENDERS

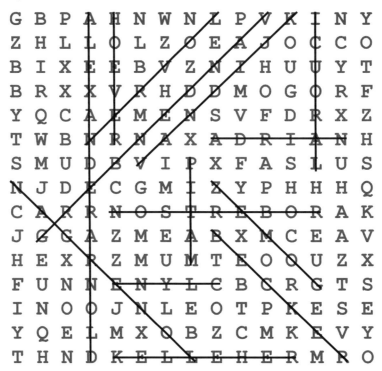

```
G B P A H N W N L P V K I N Y
Z H L L O L Z O E A J O C C O
B I X E L B V Z N I H U U Y T
B R X X R H D D M O G O R F
Y Q C A L M E N S V F D R X Z
T W B K R N A X A D R I A N H
S M U D B V I P X F A S L U S
N J D L C G M I X Y P H H H Q
C A R R N O S T R E B O R A K
J O C A Z M E A R X M C E A V
H E X R Z M U M T E O Q U Z X
F U N N E N Y L C B C R G T S
I N O O J N L E O T P K E S E
Y Q E L M X O B Z C M K E V Y
T H N D K E L L E H E R M R O
```

2019/2020 MIDFIELDERS AND ATTACKERS

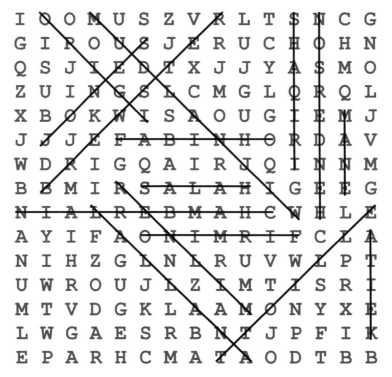

```
I Q O M U S Z V R L T S N C G
G I R O U S J E R U C H O H N
Q S J I E D T X J J Y A S M O
Z U I N G S L C M G L O R Q L
X B O K W I S A O U G I E M J
J J J E F A B I N H O R D A V
W D R I G Q A I R U Q I N N M
B B M I R S A L A H I G E E G
N I A L R E B M A H C W H L G
A Y I F A O N I M R I F C L A
N I H Z G L N L R U V W L P T
U W R O U J L Z I M T I S R I
M T V D G K L A A M O N Y X E
L W G A E S R B N I J P F I K
E P A R H C M A T A O D T B B
```

Printed in Great Britain
by Amazon

11460134R00048